Comment dire

Collection Voix 10

Marie-Claire Corbeil

Comment dire

Guernica

Montréal, 1990

Par la même auteure
Inlandsis (1987)

Cette publication a été rendue possible grâce à une subvention du
Conseil des arts du Canada et du ministère des Affaires culturelles du
Québec.

Antonio D'Alfonso
Les éditions Guernica, inc.
C.P. 633, succursale N.D.G.
Montréal (Québec), Canada H4A 3R1.

Dépôt légal — 1ᵉʳ trimestre
Bibliothèque nationale du Québec
et Bibliothèque nationale du Canada.

Données de catalogage avant publication (Canada)
Corbeil, Marie-Claire, 1954-
Comment dire
(Collection Voix ; 10)

ISBN 2-89135-028-6
I. Titre. II. Collection : Collection Voix (Montréal, Québec).
PS8555.05939C64 1990 C843'.54 C89-090403-0
PQ3919.2.C67C64 1990

I

Il n'avait pas pensé. Sa voix ronde s'étirait comme un *i*. Tout enchassé dans la porte et distrait de lui-même, il criait comme un autre et riait à la fois. Tout ahuri, accablé d'être là et vivant, il disait : « Arrachez-moi de moi-même. Mon corps n'est pas à moi, je l'ai trop habité. »

Il n'avait pas pensé s'abandonner : deux bras étirés sur la porte, la tête entre les bras, cachée. Le visage nu et muet. Rien que deux yeux tombés et son cri qui s'éteint.

Elle, en haut, affolée. Rien que la tête du lit, blanche, et le froid de l'acier. La nuit.

Son cou s'était cassé, ses épaules alourdies. Eux étaient là, les deux autres, interdits.

Voilà qu'il s'écroulait, comme un vieux sac qui glisse sur le bras d'un fauteuil. Il roulait sur lui-même, la tête toujours première et arquée.

Elle, en haut, elle criait elle aussi, mais d'un cri en dedans, d'un cri qui s'étouffe. Seulement ses yeux s'ouvraient comme le cri en dedans. Seulement ses yeux criaient.

Il n'a pas cessé d'être. Son front s'est fendu, mais son corps reste droit. Toutes ces saloperies qu'il gobe pour tenir. Il n'a pas ri. Non, mais ses jambes s'animent et tremblent et vacillent. C'est drôle. Il n'a pas ri, mais sa peau le chatouille. Voir sa propre tête d'ahuri dans les yeux d'une petite. De quoi rire ou hurler.

Il n'a pas ri, voir cette petite marcher vers lui sans frémir, aussi forte qu'un X bien ouvert. Si petite, surtout deux yeux et la même tête bouclée. Si pareille.

Tout étourdi, assommé, cogné par sa vie. Quelle blague ! C'est lui qui s'est frappé, frappé la tête sur les genoux. Trop d'espace. Trop de vide. Fallait au moins trouver un coin pour s'y cogner. Fallait trouver un piège pour se piéger soi-même. Trop d'espace. Comment se contenir sinon ? Trop d'espace, tout ce vide. De temps en temps, un souffle, une ombre, fugitifs. Un espoir. Mais non, rien. Rien que soi-même et rien. C'est trop pour une seule tête.

Et cette petite qui regarde. C'est difficile. En dehors de tout.

Vous avez pensé quoi ? Qu'il irait sans rien dire ? Vous vous moquez. Pas possible de croire pareille chose ! Surtout qu'ils sont deux, bouclés et inquiets, comme absents. Mais non ! Ils n'ont rien concerté, comploté, elle si petite, lui si dur dans sa tête de questions. Ils n'ont rien comploté, mais si pareils, siamois. C'est sûr, lui bleu, elle verte, avec des cils comme des persiennes. C'est son frère, plus frère que le sang, plus amour que l'amour. Elle dort dans sa peau, à lui, pendant que lui veille et s'écrase. Il se couche dans sa peau, à elle, quand elle crie et qu'elle marche. Son frère. Pas d'autre mot.

Cette petite, farouche, qui le regarde, comme on touche sans toucher. Pauvre petite. Si petite, déjà trouée de partout, écorchée, presque arrachée d'elle-même à force de vouloir être tout l'espace autour et les chimères. Tous les livres écrits dans la tête comme un psaume. Elle souffre. Pas de mourir. N'être pas assise dans son ventre à lui quand il dit : « J'ai tout mangé, vos pierres et vos cris. Je vomis. Vous ne m'aurez pas vivant. Vivant avec vos vides qui happent. Vous ne m'aurez pas vivant. Je casse ma tête sur mes genoux, j'avale tout ce qui bouge. »

Il n'avait pas pensé que quand lui, atteint, gémissait comme un chien délaissé, elle, en haut, se traînait, rampait sur le plancher, le sang chargé d'injures. Pas de journées cruelles, seulement des traces sur le visage et les yeux amoindris. Et son corps à lui qui se vend par défi pour des doutes. Longues journées clandestines. Fallait pas s'arrêter. Fallait pas regarder. Bête tordue, disjointe. Détournez vos regards !

Elle, petite, les yeux comme des plaintes. Toujours. Son corps toujours en X, léché par les regards. Abandonnée, soumise, si petite. Croyez-vous qu'elle exulte ? Toute repliée à l'intérieur, de l'intérieur vers l'intérieur, diffuse comme une disparition, confuse comme un corps d'outre-tombe. Elle trébuche si souvent à ses mots et s'excuse : « Pas me toucher. Il ne faut pas me toucher. Je me perds moi-même à chaque fois que j'existe. »

J'écris. Laissez-les tranquilles. Au moins collés, soudés, si bouclés, si pareils, la tête cesse de tourner. Lui brun, elle blanche comme les glaces, ils se fondent. Même peau, mêmes regards sans orbites. Pas juxtaposés, mais unique. Cloués d'exactitude. C'est son frère. Pas d'autre mot. Ils s'habitent.

Ils lisent. Pas possible autrement. Pas besoin de cacher leur cou sous leur dos ou mentir. Pas besoin de saisir ou s'éteindre, s'étourdir. Ils lisent, ils ont des mondes à eux où geindre sans s'engloutir, où crouler sans rien dire. C'est doux.

N'aimer que lui. Personne en dehors de lui pour toucher le néant. Le monde fini au contour des épaules. N'aimer que lui. Sans but, sans anecdotes. Sans pitié ou s'étreindre, s'abandonner debout comme des bornes. Sans s'atteindre. N'aimer que lui, ce frère noir comme la foudre et le soufre. L'aimer cruel, l'aimer dru, chaotique. L'aimer fier et penché comme un livre. Toutes les questions posées, déboutées.

Tous les chantages. Elle se rappelle. Mourir ou partir. Lui qui va vacillant, toujours le pas de la porte, entrer ou sortir, s'écraser. Eux, les deux autres, toujours inquiets. Ne pas savoir s'il se tue ou s'il danse.

Il souffre, c'est sûr. Son ventre est déchiré, sa tête éclaboussée. Tout ce qu'il ingurgite, liquides, capsules, scrupules, hargne. Il ne sait plus quoi être. Tout s'éclipse. C'est un chaos.

Elle ne sait plus. Si petite. Son frère si perdu, si rompu d'inquiétudes. Elle ne sait plus s'il meurt ou sait vivre. Voir. C'est un chaos, des entrelacs. Pourtant si doux, des yeux tremblants. Son frère. Le tuer. Qu'il meure ! Qu'il meure ! Elle n'en peut plus. Aimer tant.

II

Nuit lumineuse. La petite se pend à son ombre. Elle est heureuse. Comment dire heureuse ?

La nuit toujours dans l'escalier est tranchée par une raie de lumière. La lune pleine en plein centre du puits de lumière. La petite pendue à son ombre à elle. La petite qui rit à son ombre dans cette lumière blanche de la nuit. Seule. Elle est seule et heureuse. Comment dire heureuse, sinon le silence, la maison noire de nuit et cette raie de lumière qui tranche la maison. Elle rit, sait encore rire d'un rire clair. Petite fille. Petite fille dans la maison déserte. La nuit pour elle seule, et la lumière. Le silence tout à elle enfin. L'empire du silence. L'épaisseur claire du silence dans cette maison déserte. Elle rit : cette ombre qui est elle, qu'elle peut toucher.

Personne ne sait. Ni les deux autres, ni personne. Personne ne sait qu'elle danse, qu'elle s'étire vers le haut comme un fil tendu, qu'elle crie de tout son corps dans le silence et la lumière. Elle ne bouge presque pas. Son corps si tendu, seulement vibrant, elle danse, pendue à la lumière. Elle danse, tendue dans la lumière et heureuse. Elle se touche presque. Touche presque ce cri, ce bonheur en elle de danser.

Il entre. Il est là. C'est son corps qu'elle voit, découpé, sur le pas de la porte. La porte restée ouverte. Son corps découpé noir, sans visage. C'est son corps qu'elle voit. Il ne bouge pas. Il n'entre pas.

Arrêté, immobile sur le pas de la porte, il appuie sa tête sur le cadre, cogne sa tête sur le cadre. Fatigué. Si fatigué. Lesté de fatigue et aveugle, il n'a rien vu. Ni la petite, ni la lumière, la lune dans l'escalier. N'a vu que le noir de la nuit. N'a vu que son corps encore vendu. Rien d'autre.

N'a rien vu. Ni la petite dans son trou de lumière, ni le silence brisé, le sang qui cogne aux oreilles. N'a pas vu la petite qui tient ses oreilles dans ses mains, tient sa tête dans ses mains. N'a rien vu.

N'a pas vu la petite qui descend, la petite qui glisse comme une ombre d'une marche à l'autre, qui glisse marche après marche comme une ombre jusqu'au rectangle ouvert sur le corps affaissé.

« Mon frère. » Sans respirer, poser la main nue sur son corps. Lui dire : « Mon frère. » Poser la main nue, paume ouverte, petite main nue sur son corps et lui dire : « Mon frère. » Pas d'autre mot.

Elle est heureuse. Comment dire heureuse ? Si sagement assise. Visage impassible. Si sagement soumise aux regards. Comme dire heureuse et absente ? Dire : bondir à l'intérieur comme une petite fille. Heureuse. Bondir à l'intérieur comme la petite fille qu'elle est. Et dire des mots. Un à un, dire des mots, comme les mots des livres.

Elle est dans l'autre maison. La deuxième maison. Cent pieds de façade. L'immense porte arrondie. L'immense maison, fauteuils de cuir, velours rouge. Les tapis pour se coucher.

Elle est toute petite encore, sept ans, huit ans, toute petite. Elle aime cette maison, les placards partout, les pièces en enfilade. Les lourdes tentures empilées partout, l'odeur de poussière dans les placards.

Elle est toute petite et c'est sa maison à elle, cette maison aux cent placards, cent cachettes. C'est sa maison à elle. Elle le pense.

Il y a cet homme au cigare dans la bibliothèque. Il y a cet homme gris, sa canne, ses guêtres. Il y a cet homme gris et son cigare, les livres tout autour jusqu'au plafond.

Il y a cet homme gris, les livres reliés et une petite place dans un coin pour s'asseoir.

Il y a cet homme gris, sa canne, ses guêtres, ses livres et le silence qu'il donne. Le silence qu'il donne à la petite. Pour lire.

Il n'est pas là. Son frère n'est pas là. N'est pas dans la deuxième maison. N'habite pas cette maison. Même la nuit.

Il n'est pas là. Peut-être dehors, avec l'homme gris. A marcher. Peut-être dehors à construire des murs. Démolir des murs. Reconstruire l'espace autour d'une chaise.

Mais il n'est pas dans la maison. N'est pas dans cette maison où la petite se cache. N'est pas dans cette maison que la petite explore.

Elle est seule. Presque. Juste assez de silence et plus que l'espace du bras tout autour du corps.

Elle est seule. Elle fouille. Tous les placards, un à un. Les tentures dépliées, les velours. Les pièces abandonnées, en bas, tous les meubles entassés, les boîtes de livres, les objets brisés, les vieux papiers. Inutiles.

Les pièces abandonnées, les placards, les trésors. Les heures qu'elle passe à fouiller, cachée, couchée, asphyxiée de poussière et heureuse. Comme dire heureuse ?

Où est-il ? Elle l'attend.

Tous assis sur des chaises pareilles, tous assis, dos au mur, ils l'attendent. Dans la première maison, huit personnes assises attendent. Pas un craquement, pas une respiration, plus qu'un silence. Tous, le dos droit comme le dossier dur des chaises, tous l'attendent. Les jours, les nuits, pareils, suspendus.

Plus qu'une attente, huit personnes assises, pareilles. Huit personnes suspendues : une porte, une seule porte. Une petite fenêtre à carreaux dans la porte. La lumière du jour qui s'allume et s'éteint. La porte toujours fixée dans ses gonds. Immobile dans ses gonds.

Elle est assise là. S'est enfin assise là. Toute pliée, repliée, toute vidée, elle s'est assise là. Contre la porte. Tout contre la porte. Elle sent le froid sous la porte, ne voit que la ligne du froid sous la porte, la petite ligne de lumière qui s'allume et s'éteint. Elle attend, n'attend plus. Elle sait qu'il va venir. Elle le sait.

Elle s'est enfermée. A fermé sur elle toutes les portes. S'est enfermée dans l'armoire la plus noire. A fermé la porte, aussi, a fermé les yeux, s'est fermée. Complètement. A dit : « Non ! » A dit : « Sans mon frère, non ! »

Ne veut pas sortir. Ne veut plus sortir de l'armoire. A dit : « Non ! Sans mon frère, non ! » Comment faire ?

Elle s'est enfermée dans l'armoire. Dans la première maison, sous l'escalier. Dans la cave, sous l'escalier. Dans l'armoire.

Trois jours. Trois jours enfermée, refermée sur elle-même. Trois jours noirs à faire le tour de l'armoire du bout des doigts. Tous les angles. Trois jours sans bouger plus que chercher rien. Sans bouger plus qu'attendre. Trois jours noirs. Sans répit.

Il est là. Comment dire là ? Sa tête bouclée noire dans la porte, ses yeux. Il est là. Comment dire épuisé, débraillé, égaré, droit comme une gifle ?

Il est là. Les mains comme des serres sur le cadre de porte, presque sans équilibre que les mains agrippées. Il est là, comment dire déserté ?

Il est là, n'est plus là. Comment dire qu'il tombe ? Comment dire qu'il plonge, tête première, vers le sol ? Qu'il s'écrase, tête première, sur le sol, inconscient ? Comment dire qu'il longe, sur le sol, le pas de la porte ? Que son corps inconscient longe, sur le sol, le pas de la porte enfin franchi ?

III

Elle n'est plus si petite. Les cheveux déjà tressés, détressés, négligés. Le front déjà marqué de la fine ligne du souci. Mais encore si jeune qu'elle espère et aligne encore ses mots les uns à la suite des autres.

Elle a changé. Toutes ces années sans lui. Lui disparu, sans retour. Une vraie fugue : sans adresse, sans recours. Elle a changé. Toutes ces années, lui comme mort, elle brisée.

Comment dire heureuse et brisée, changée et pareille ? Dire : lire, commencer à écrire des mots comme des gammes. Des mots simples comme des gammes, des litanies. Chanter pour elle de mots comme des baumes, les plus beaux mots, le dictionnaire. Danser aussi. Timidement. Presque immobile, tâter le sol, s'assurer que le sol ne s'ouvre pas sous ses pieds, qu'il y a bien un sol sous ses pieds, une terre noire, un plancher en damier, quelques murs pour s'accrocher.

Elle n'est plus si petite. Peut-être. Mais encore pareille, si pareille à elle-même. Seule maintenant. Seule. Un frère disparu. Un monde écroué. Seule, si droite, comme dressée de colère et de dégoût.

Elle n'est plus si petite. Peut-être. Mais brisée. Comment dire brisée et heureuse ? Seule. Comment dire la colère comme une beauté, pure comme fascinée, affamée ? Comment dire heureuse ? Dire : disséquer. Dire l'odeur du formol, la minutie, la curiosité. Dire l'insecte iridescent dans le tronc pourri. Dire encore et toujours les livres comme un défi. Dire heureuse comme un cri debout, cracher au bout de son souffle et marteler la terre comme une danse guerrière.

Un ciel plutôt gris, plutôt clair. La lumière d'automne en lambeaux dans les arbres.

Elle est heureuse. Comment dire heureuse ? Triste. Doucement triste à écrire. Les mots, un à un, comme des bêtes. La sauvagerie des mots. Une troisième maison aussi. Une maison blanche, carrée, comme un sucre. Une

maison loin, un ami. Il ne dit pas :
« Fais. » Il dit : « Regarde. » Il ne la touche
pas. N'oserait pas la toucher. Il la regarde.
Il a des yeux pour elle comme une autre
existence.

Elle est heureuse. Comment dire
heureuse ? Dire cette maison loin, les
vraies bêtes, les renards, les pygargues.
Dire le silence. L'oppression du silence
comme un étouffement, la colère
comme un étourdissement. Dire encore
les bêtes, les rapaces. Encore les bêtes,
les rapaces.

Elle est heureuse. Douce encore,
atrocement. Heureuse. Comment dire
heureuse ? Douce. Si douce, qu'elle
bruisse comme le vent, arrache tout
comme le vent : arbres, maisons.
Voudrait tout détruire comme le vent,
coucher toutes les herbes, tous les
champs. Elle est douce encore, verte
dans ses yeux verts et féroce. « Mon
frère ! » Ce cri en elle : « Mon frère ! »
« Où est-il ? »

Une troisième maison, blanche
comme un carré de sucre, les champs
verts comme des yeux verts, le vent qui
bruisse ou gronde, les grands rapaces sur

son dos. Le silence comme un étourdissement, la lumière d'automne déchiquetée dans les arbres en taches irrégulières. La lumière d'automne, grise, sur un ami plutôt clair, sans compromissions.

Pas question de parler avant d'avoir tout vu : le tronc tourmenté des pommiers, le nid de couleuvres sous la souche, la salamandre rouge dans l'herbe devant la maison.

Pas question d'ouvrir la bouche, soupirer, dire : « Dehors. En dehors de la maison. » Pas question de dire déjà qu'elle marche, qu'elle se fige. Non, elle bouge à peine. L'allée de peupliers au sud, les deux montagnes au nord ; à l'est, à l'ouest : les chevreuils, les coyotes.

Pas question de brusquer, mettre trop de gestes pour peu de mots dits. Dire : elle écoute, se donne à tous les cris, tous les bruits, jusqu'au geai qui casse les oreilles.

C'est vrai, elle n'est plus si petite, mais encore exilée, encore abandonnée, encore au bord d'elle-même comme sur la pointe des pieds.

Dire peut-être l'ami, dans la maison carrée. Sa tête à la fenêtre.

Elle ne peut pas dire encore : « Je parle. Je dis des mots. » Non. Pas encore. Mais son corps est un axe dressé, le soleil dans la tête comme un cri d'épervier.

Elle ne peut pas dire encore des mots, dire des secrets. Non. Elle est frêle et en marche, sans un bruit, sans un mot. Elle marche comme une aveugle, des yeux au bout des doigts. C'est une ombre, un bouleau, un chevreuil, c'est une ombre qui marche sans faire craquer les feuilles.

Elle ne peut pas dire encore qu'elle renaît, aussi silencieuse que le fond des sous-bois. Pourtant, quelquefois, dans sa tête, elle crie. Quelquefois, dans sa tête, toutes les couleurs s'allument. Elle crie si fort. Comment dire ça ? Comment dire, dans sa tête, toutes les couleurs s'allument comme le plus grand des cris ?

Elle se tait. Garde dans sa tête tout son cri, garde dans son corps blanc tout son cri. Elle aime. Comment dire ça ?

Comment dire aimer ? Comment ne pas se taire pour ne pas dire aimer ? Comment ne pas mourir, éclater ?

Elle ne peut pas dire des mots trop petits, dire un mot trop petit comme une boîte sans serrure. Elle se tait. Garde dans sa tête, son corps blanc, tous les mots traîtres comme des pièges.

C'est un ami, une respiration. C'est un ami, pas une peau, un regard. Il ne tremble pas quand il dit : « Je regarde. » Son corps et sa tête se tiennent tout ensemble.

C'est un ami, un mouvement, une lente oscillation, tout le cercle orbital. C'est un ami. Il prend du bord des yeux toute la circonférence, le moindre tressaillement. Il sait ne pas dire : « J'attends. Je te regarde. » Il est là, détaché, presque plus ravageur.

C'est un ami, une nuisance, un mythe. La somme de tous les doutes. Il dérange. Il dérange quand il dit : « Je regarde. » Comme si ses yeux voyaient ce qu'on ne peut pas voir. Il dérange, planté sur ses deux pieds comme une patience farouche. Il parle trop, sans même ouvrir la bouche.

Il dérange : on dirait qu'il sait tout, tout ce qu'il peut attendre. Il regarde, prend la lueur du jour pour ce qu'elle est. Sait se coucher pour dormir avec des yeux fermés. Et bouger, quelquefois, comme s'il savait bouger. Il dérange. Comment dire déranger comme poser des questions en ayant l'air ailleurs ?

IV

Toutes ces années sans lui. Les maisons qu'elle s'ajoute comme des peaux. Toutes ces années sans lui. Lui disparu, mort peut-être, avant d'avoir trop vu.

Elle est maintenant dans une quatrième maison. Une maison-boîte, une maison rouge, une maison de briques rouges collée sur la rue. Elle est dans cette maison, seule. Elle travaille, part le matin, rentre le soir. Elle travaille, dehors, dedans. Toujours des mots, des papiers. Elle danse encore aussi, rit encore, quelquefois, d'elle-même, sait encore dire des mots comme des poèmes. Elle crie encore quelquefois, crie encore quelquefois : « Mon frère ! » Elle crie à la tête des murs blêmes, leur crie des mots durs ou doux comme des plaintes. Elle est seule. Est-ce être seule : toutes ces maisons comme des peaux qu'elle s'arrache ?

Elle est heureuse aussi, certains jours. Pas aujourd'hui. Aujourd'hui, elle a mal, mal à son frère, mal partout, jusqu'à la danse, jusqu'aux livres empilés sur les tables. Pas un mot ne va sortir de son corps. Pas aujourd'hui. Pas un mot, même pas : « Vivre. » Pas plus de mot qu'abandonner.

Comment dire heureuse, affolée ? Comment dire suffoquée, le corps trop petit, les côtes trop rapprochées ? Comment dire qu'elle s'asseoit, qu'elle s'isole, qu'elle étouffe ? Elle tourne, assise, debout, là-bas, ici.

Elle l'a vu. C'est lui. Les cheveux, les boucles, les muscles longs et lisses. Elle l'a vu, sans le voir, un éclair noir dans l'éclat des couleurs de la foule. Elle l'a vu. Sa tête à elle éclate. Tout le sang rouge dans la tête, l'espace tout-à-coup rouge, noir, comme tranché.

Elle l'a vu. A peine vu. Toujours le même. Toujours cette présence brève, agitée, les deux points bleus des yeux fixés sur le trottoir, les gestes saccadés. Quel affolement encore l'assaille ? Quelles années sans doute à errer, oublier ?

Elle a un ami. Son ami n'est pas là. Elle a un ami doux avec des bras. Son ami n'est pas là. Parti manger la vie, sans doute. Tant d'appétit. Un ami comme une bouche. Il parle, met sa bouche partout, les lèvres ouvertes, pour tout manger, pour le plaisir. Elle a un ami doux, là-bas, avec des bras comme des murs, des clôtures, des appâts. Elle voudrait qu'il soit là.

Elle pleure.

Il est assis sous la fenêtre. Dans le fauteuil, sous la fenêtre. Dans la lumière, l'après-midi. Il est assis, calme. Elle pleure. Il est assis, il sourit, ses mains tremblent. Il est assis tout d'une pièce, d'un seul morceau. Elle pleure. N'a pas assez de ses deux yeux pour pleurer, de ses deux mains pour pleurer.

Elle pleure. Il est assis là, sous la fenêtre, dans le fauteuil qu'elle aime, dans la lumière, l'après-midi. Il est assis là. Il est venu. Il est entré. Toutes ces années sans lui, sans pleurer. Toutes ces années.

Elle n'est pas triste, non. Elle n'est pas triste. Comment dire qu'elle pleure sans savoir qu'elle pleure ? Comment dire qu'elle pleure sans savoir autre chose que son frère assis d'un seul morceau sous la fenêtre ? Comment dire qu'ils sont deux, dans la lumière, l'après-midi, à trembler dans leurs os ?

Elle dit : « Non ! » Elle écrit : « Mon frère est venu. Parti. Dans la lumière, l'après-midi, il est venu, parti. » J'ai dit : « Va-t-en ! » Qu'il s'en aille ! Qu'il s'en aille ! »

Elle est en colère. Il a vu sa colère. Vu sa colère comme une muraille, la lumière effacée. Il a vu sa colère, a dit : « Je pars. » Est parti.

Il a erré. Deux jours, a erré. A traîné son corps comme une bête galeuse. A dit à son corps : « Viens. Bois. Je t'offre à boire. » A bu deux jours. A erré. A bu deux jours avec son corps comme une bête galeuse. A traîné deux jours son corps comme une bouteille toujours pleine, toujours vide. A dit : « Mourir ? Pas encore ! C'est fini mourir, boire un peu, trop, se coucher pour dormir avec des yeux ouverts et la nuit qui clignote dans une maison de chambres. »

Il a erré deux jours avec un corps de trop. A erré, touché des hommes comme des guenilles, des femmes comme des bouteilles. A erré, s'est trouvé un lit pour dormir avec des bras dedans et une odeur de femme pour étirer la nuit.

Elle a dit : « Non ! C'est trop. » C'est trop, à la fin, ces cris qu'on n'entend pas. Elle ne sait plus (lui ou elle ?) qui crie dans le silence. C'est trop, c'est assez, c'est fini, lui et elle, comme un seul corps, un seul cri. Elle veut son cri à elle. Et son silence. Ses quatre murs comme une maison.

Lui, qu'il marche ! Qu'il marche dans les rues avec lui comme seul but devant lui. Elle ne veut plus l'attendre, ne veut plus l'entendre en elle comme une stridence. Elle dit : « C'est moi, maintenant, qui marche devant moi. C'est moi, maintenant, que j'attends. »

Elle s'attend. Assise dans son silence, entre ses quatre murs, elle s'attend. Elle sait qu'elle va venir. Elle le sait.

Elle s'attend. Elle a peur. Comment dire qu'elle a peur ? Elle ne sait pas se reconnaître.

Elle s'attend, sans patience, avec circonspection. Elle sait attendre avec les mots rentrés, sait la fausse patience de s'asseoir sur elle-même, sans mot dire. Elle s'attend, dans sa peur, entre ses quatre murs. Elle sait qu'elle saura se trouver, ne plus s'abandonner.

Elle le déteste. A crié : « Je le déteste ! » Jamais n'a eu tant de colère. Jamais n'a vu son corps trembler, vibrer comme un fil qui se casse au beau milieu.

Elle l'aime. Comment dire qu'elle l'aime ? A fini d'aimer à se perdre. A fini de se taire. A fini d'attendre qu'il revienne se coller à elle comme sa peau. A dit : « Non ! » Ils ne sont plus deux maintenant, deux à mourir, écorchés comme des sans-pareils qui se noient et s'annulent. Ils sont vraiment deux. Ils sont un et un, séparés comme vraiment seuls.

Elle est seule maintenant. Vraiment seule. Comme un phare debout dans la nuit de la ville. Vraiment seule et elle crie, hurle à la lune, à la ville vide. aux lumières de la nuit. Elle hurle devant sa fenêtre, hurle, plus brûlée qu'assouvie. Elle se mutile de sang-froid. Qu'elle a mal ! Elle se l'arrache du corps comme un cancer. Elle se l'arrache cette maladie, son frère. Elle se l'arrache dans un seul long cri debout, anéantie et féroce, toujours plus avide qu'innocente. Elle veut vivre !

Elle l'aime. Comment dire qu'elle l'aime, ne l'aime plus ? Comment dire qu'elle l'oublie, ne veut plus l'oublier, le nier ?

Elle veut l'avoir en dehors d'elle, veut le voir en dehors d'elle comme un autre, par lui-même, tout seul. Elle sait qu'il est seul dans sa foule. Seul, dans sa ville de toutes les couleurs. Elle sait qu'il est seul et qu'il marche, ne sait que marcher et rêver d'être un autre. Elle sait qu'il est seul et ailleurs. Toujours en dehors de lui-même, comme un peu décentré. Elle sait qu'il est le seul à savoir tout savoir quand il se veut lui-même. Elle l'aime. Avez-vous vu un corps consumé par lui-même, la lumière qui brûle tout autour ?

Il est tombé. Cette fois, vraiment tombé. N'a pas voulu se tuer, non. Aime trop la nuit, les lumières de la nuit. Non, est vraiment tombé. N'a pas pu se relever. Est resté écrasé beaucoup trop longtemps, la face contre la terre, le dos contre la nuit. Est resté écrasé si longtemps qu'à la fin, la nuit a fini. A vu le jour se lever. Ne l'a pas vu par devant, par son visage à angle droit sur le sol vers le ciel. Non, l'a vu se lever de côté, par le reste de regard qu'il a sur les deux côtés du visage, sur les deux côtés de sa tête écrasée sur la terre. L'a vu se lever doux et glauque, puis presque cruel de crudité. L'a vu se lever, n'a pas voulu le voir. A fermé ses yeux sur le sol encore noir sous sa tête, son visage écrasé. A fermé ses yeux, les a fermés plus fort, les paupières plissées au plus dur, a quand même eu les bruits crus du jour dans les oreilles, la chaleur sur son dos. N'a pas voulu. A essayé de plier son corps comme un dernier refus. N'a pas pu. Est resté tout le jour, écrasé sur le sol, dans la ruelle déserte de son quartier de nuit. Est resté tout le jour, écrasé, impuissant, dans la chaleur du jour. Jusqu'à la nuit, jusqu'à la nuit noire des bouteilles et des passages discrets.

Elle est dans sa maison, entre ses quatre murs. Seule et libre. Comment dire libre ? Comment dire qu'elle s'asseoit dans le fauteuil sous la fenêtre ? Comment dire : elle ouvre la fenêtre et respire ? Elle ouvre la fenêtre, respire jusqu'au bout de son corps l'air froid et pur de l'hiver dehors. Elle respire à se remplir, à s'étourdir, l'air froid de l'hiver, la froideur de l'hiver, la pureté. Elle est pleine à ras-bord du froid de l'hiver, de l'air froid du dehors. Elle est pure, comment dire pure comme une feuille blanche, tout le temps de s'écrire, s'habiter ?

Elle est seule, dans sa maison, entre ses quatre murs. N'est plus seule. Elle est trop occupée.

Elle est bien. Seule. Sans bouger plus que frémir, quelquefois, quand la lune se couche ou se lève, le soleil.

Elle est bien, assise dans son fauteuil, sous la fenêtre ouverte, dans le froid de l'hiver. Elle ne bouge pas. Pas besoin de bouger, elle respire. Reste là sans bouger, attentive à chaque respiration, au moindre frémissement de cellule, au sang qui circule au bout des capillaires.

Elle n'est pas figée, non. Détendue. Etendue de tout son poids dans le fauteuil sous la fenêtre, dans le froid de l'hiver. Attentive. Elle sent dans son corps, son corps à elle, les muscles, un à un, les viscères. Elle sent, dans son corps à elle, le pouls régulier de sa vie. L'évidence.

Elle ne veut plus en entendre parler. Ne veut plus. Elle sait qu'il se cache, lui aussi, dans les cours du bas de la ville. Elle sait qu'il s'est fait une maison d'un hangar. C'est tout ce qu'elle sait.

Elle ne sait pas qu'il s'est fait une maison d'un hangar, avec des livres et un tapis. Qu'il a pour lui-même des douceurs attentives.

Elle ne sait pas qu'il a collé des jours au sol de la ruelle comme un papier mouillé. Ne sait pas qu'il a vu dans sa peau, d'un bout à l'autre et sur toute l'épaisseur, son désir effacé, le bout de sa fuite. Il est resté des jours collé au sol de la ruelle, presque accroché, comme à une certitude, comme à sa solitude. N'a pas vu les regards des passants de la nuit. N'a pas vu les passants comme des chats, des rôdeurs, distraits. N'a pas vu, n'a pas voulu voir autre chose que son corps et le choc du jour et de la nuit, l'alternance du jour et de la nuit.

Il a vu tout-à-coup son corps bouger. A vu son corps bouger comme une décharge en plein soleil. S'est relevé sans consentir. S'est relevé, s'est tenu debout comme jamais. S'est tenu debout sur ses deux pieds sur le sol de la ruelle, sur la terre noire. A marché avec des jambes à lui, des pieds à lui qui touchent le sol un après l'autre. Il a marché jusqu'au bout, jusqu'à la vraie fatigue, jusqu'au hangar dans une cour du bas de la ville, jusqu'à lui.

Elle a fini de tracer sa vie comme une ligne droite. A fini d'essayer de tenir dans l'espace de ses deux bras ouverts, de retenir entre ses quatre murs tout ce qui d'elle éclate et l'enivre. A fini d'essayer d'être moins qu'elle et autant qu'il faudrait. A fini de tenir sa tête dans ses mains comme une boîte à surprise.

Elle est heureuse. Comment dire heureuse ? Comment dire qu'elle n'est plus à l'intérieur d'elle-même comme une bouche cousue ? Comment dire qu'elle dit des mots, comme dire : « Mon frère et moi » ? Qu'elle dit des mots en dehors d'elle comme en dedans, qu'elle écrit des mots sur du papier comme pour parler ? Comment dire qu'elle est heureuse ? Dire : Heureuse. Pas d'autre mot.

Achevé d'imprimer
en juin 1990 sur les presses
des Ateliers Graphiques Marc Veilleux Inc.
Cap-Saint-Ignace, Qué.